MEIN ERSTES GROßES OSTER- BASTELHEFT

arsEdition

Inhalt:

Buntes Eier-Domino

Hasenstarkes Osterkörbchen

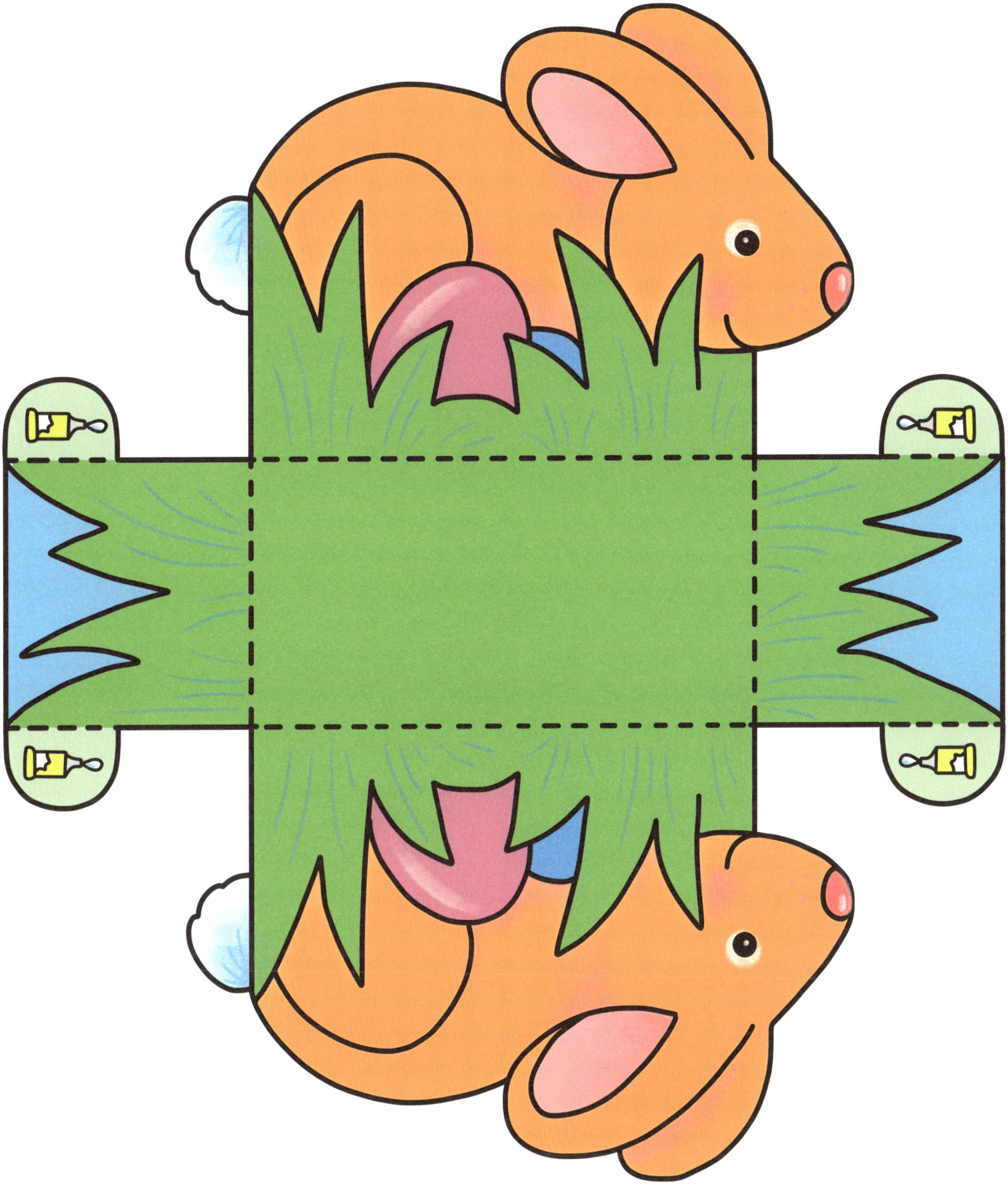

Süßes Lammkörbchen

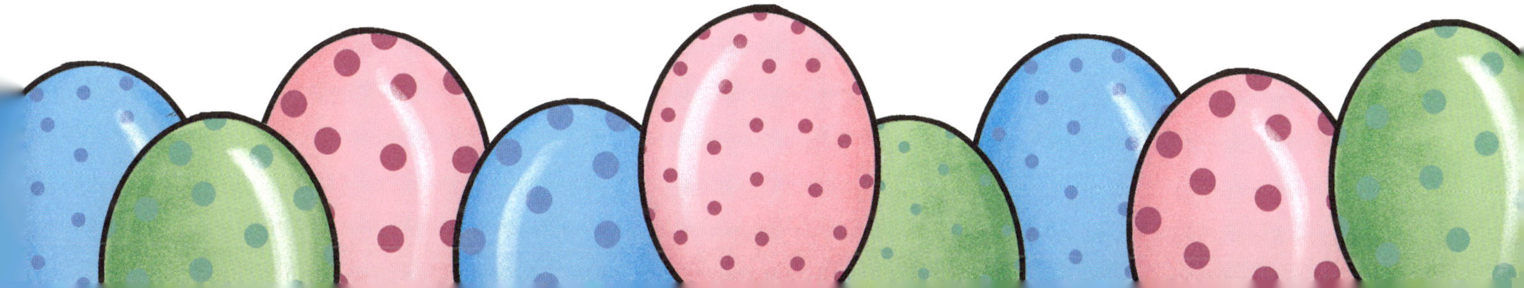

Frühlingshafte Wimpelgirlande

Kleine Puzzle–Eier

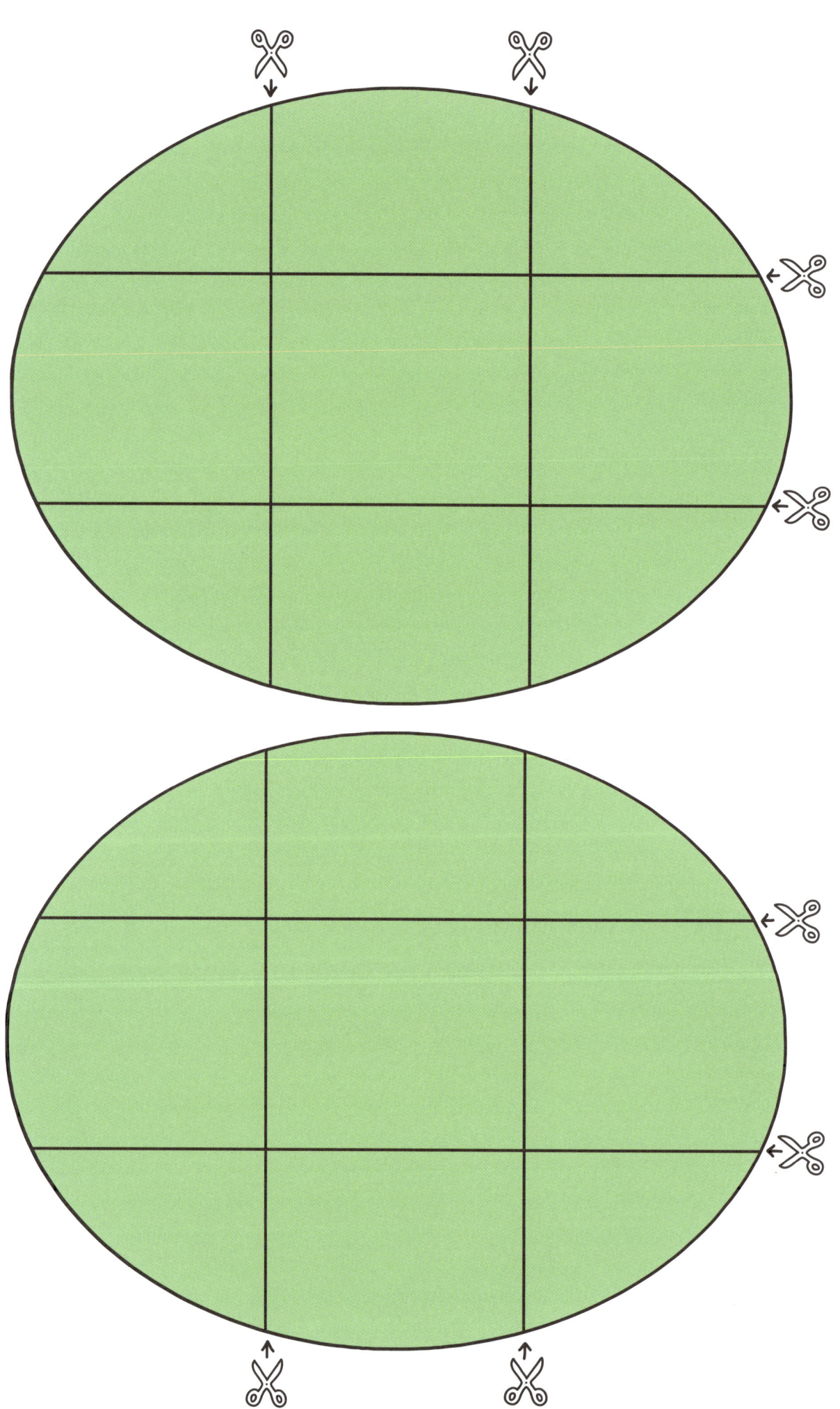

Lustige Vogelanhänger

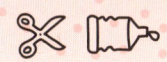

Frühlingshafte Eierbecher

Baumelnde Hasen

Österliche Anhänger

VON	VON
.... •	• ....
FÜR	FÜR
....	....

VON	VON
.... •	• ....
FÜR	FÜR
....	....

VON	VON
.... •	• ....
FÜR	FÜR
....	....

VON	VON
.... •	• ....
FÜR	FÜR
....	....

VON	VON
.... •	• ....
FÜR	FÜR
....	....

Süße Hasenmaske

Ostereier–Leporello

Eiernde Hühner

3 Zauberhafte Tischkärtchen

Lustiges Frühlings-Memo